RÉPUBLIQUE FRANÇAISE

LIBERTÉ - ÉGALITÉ - FRATERNITÉ

VILLE DE DIJON

RÈGLEMENT SANITAIRE

DIJON

IMPRIMERIE R. DE THOREY

—

1927

VILLE DE DIJON

RÈGLEMENT SANITAIRE

Nous, Maire de la Ville de Dijon, Chevalier de la Légion d'honneur,

Vu :

1° La loi du 15 février 1902 sur la protection de la santé publique ;

2° La circulaire ministérielle du 30 mai 1903 sur l'application des articles 1, 2 et 3 de la loi du 15 février 1902 ;

3° Les délibérations du Conseil municipal en date des 20 avril et 23 septembre 1926, approuvées par M. le Préfet de la Côte-d'Or le 11 octobre suivant ;

4° La loi du 5 avril 1884 sur l'organisation municipale ;

Arrêtons :

CHAPITRE PREMIER

SALUBRITÉ

Règles générales de salubrité des habitations

ARTICLE PREMIER

Les habitations seront disposées de manière à être aérées largement, éclairées et ensoleillées le plus longtemps possible. Leurs revêtements intérieurs seront maintenus en état de propreté parfaite. Elles seront munies de moyens d'évacuation des eaux pluviales, des eaux ménagères et des matières usées. L'épaisseur des murs et la qualité des matériaux seront suffisantes pour assurer une construction saine et garantir les occupants contre les variations atmosphériques. Le sol naturel sur lequel sera construite l'habitation devra offrir toute garantie de salubrité. Elles seront, autant que possible, édifiées sur caves.

Pièces destinées à l'habitation

ARTICLE 2

Au rez-de-chaussée et aux étages, le sol de toute pièce pouvant servir à l'habitation de jour ou de nuit, aura une surface minima de 9 mètres. Tout logement devra contenir au moins une pièce de 15 mètres superficiels.

Chacune de ces pièces sera éclairée et aérée, sur rue ou sur cour, au moyen d'une ou de plusieurs baies dont l'ensemble devra présenter une section totale ouvrante au moins égale au sixième de la surface du sol de la dite pièce.

ARTICLE 3

Les jours de souffrance ne pourront jamais être comptés dans le calcul des surfaces obligatoires des sections de baies.

Fondations

ARTICLE 4

Le terrain sur lequel on voudra élever une construction devra offrir toute garantie de salubrité et si, d'après une enquête établie par le Bureau d'hygiène, il est constaté que le sol est contaminé, les terres ou matières quelconques extraites pour l'établissement des fondations, caves, fosses d'aisances ou pour toute autre cause, seront immédiatement désinfectées au moyen d'une solution au sulfate de fer ou de tout autre désinfectant.

ARTICLE 5

Dans toutes les constructions destinées à l'habitation, les fondations et les murs, jusqu'à un mètre au-dessus du sol, devront être construits en matériaux durs hourdés en mortier à la chaux lourde ou en ciment.

Caves

ARTICLE 6

Les caves ne pourront jamais servir à l'habitation de jour ou de nuit. Elles seront toujours ventilées par des soupiraux communiquant avec l'air extérieur. Ces soupiraux auront une section libre minimum de six décimètres carrés avec une dimension minimum de 0 m. 12.

Il est interdit d'ouvrir une porte ou trappe de communication entre une cave et une pièce destinée à l'habitation de nuit.

Sous-sols

Article 7

Les sous-sols destinés à l'habitation de jour auront chacune de leur pièce aérée et éclairée au moyen de baies ouvrant sur rue ou sur cour et ayant les dimensions indiquées à l'article 2.

Toutefois, les sous-sols destinés à l'habitation de jour, fût-elle brève, qui ne rempliraient pas les conditions ci-dessus, devront être installés de telle façon que le renouvellement de l'air de ces locaux soit assuré au moins toutes les quarante minutes.

Dans tous les cas, le sol et les murs devront être imperméables.

L'habitation de nuit est interdite dans les sous-sols.

Rez-de-chaussée et étages

Article 8

Les murs des locaux habitables du rez-de-chaussée seront séparés du sol par une couche isolante imperméable placée en contre-haut du sol intérieur.

Les locaux habitables du rez-de-chaussée seront séparés du sol, soit par continuation, dans toute leur surface, de la couche isolante imperméable ci-dessus, placée en contre-haut du sol extérieur, soit par un espace ventilé dont la hauteur libre ne saurait être inférieure à 1 mètre.

Article 9

Dans les bâtiments de quelque nature qu'ils soient, la hauteur des pièces habitables ne sera pas inférieure à trois mètres mesurés sous plafond pour les rez-de-chaussée et l'étage situé immédiatement au-dessus, 2 m. 80 pour les autres étages, sauf pour les étages mansardés ou les logements établis dans les combles où cette hauteur pourra être réduite à 2 m. 60.

La profondeur des pièces habitables, mesurée perpendiculairement au mur de façade, ne pourra jamais dépasser le double de la hauteur comprise entre le sol et le sommet de la baie éclairante.

Article 10

A l'étage le plus élevé de la construction, la surface minima de 9 mètres de toute pièce pouvant servir à l'habitation de jour ou de nuit sera mesurée à 1 m. 30 au-dessus du sol, sans que le cube de la pièce puisse être inférieur à 20 mètres.

ARTICLE 11

Dans les étages mansardés ou logements aménagés dans les combles, toute partie lambrissée comprendra une couche de matériaux protégeant l'occupant contre les variations atmosphériques.

Toute chambre aura une surface de plafond horizontale d'au moins deux mètres.

Hauteur des constructions

ARTICLE 12

Pour les constructions sur rue, la hauteur de la façade verticale de l'alignement sera au plus égale à la largeur réglementaire de la voie, avec un maximum de 20 mètres.

Le comble, au-dessus de la façade verticale, sera inscrit dans un arc de cercle tangent à la ligne verticale à l'alignement, en son point le plus élevé et prolongé par une tangente horizontale. L'arc de cercle aura pour rayon la moitié de la largeur réglementaire de la voie.

Pour les bâtiments ou partie de bâtiments construits en retrait de l'alignement, les dimensions prévues ci-dessus sont déterminées par rapport à une largeur de voie égale à celle de l'intervalle compris entre la partie la plus saillante de la façade des bâtiments et l'alignement opposé.

ARTICLE 13

Lorsque les voies sont en pente, la façade des bâtiments en bordure sera divisée, pour le calcul de la hauteur, en sections ne pouvant dépasser 30 mètres. La cote de hauteur de chaque section sera prise au point milieu de chacune d'elles.

ARTICLE 14

Pour les bâtiments compris entre les voies d'inégales largeurs ou de niveaux différents, chaque moitié du bâtiment sera régie, en ce qui concerne la hauteur de chacune des façades et le rayon du comble, en raison de la largeur et du niveau de la voie ou de la cour qu'elle borde.

Voies Privées

ARTICLE 15

Les bâtiments élevés en bordure des voies privées sont régis par les mêmes règles que les bâtiments élevés sur les cours.

Article 16

Pour les constructions privées ayant un caractère monumental ou pour les besoins d'industrie, l'Administration pourra autoriser des modifications aux dispositions relatives à la hauteur des bâtiments.

Couvertures

Article 17

La couverture d'un bâtiment ne pourra être établie en chaume, jonc ou autres matières inflammables ; elle sera faite en matériaux durs et imperméables.

Cours et Courettes

Article 18

Les cours sur lesquelles prennent jour et air des pièces pouvant servir à l'habitation soit de jour, soit de nuit, auront une surface minima de 3o mètres carrés pour les maisons n'ayant qu'un rez-de-chaussée avec augmentation de 5 mètres carrés par étage. La largeur de ces cours ne pourra jamais être inférieure à 5 mètres.

Les vues directes prises dans l'axe des baies des pièces habitables de jour ou de nuit ne peuvent être inférieures en largeur à 4 mètres dans toute leur étendue. La hauteur verticale des façades des constructions bordant ces cours ne pourra être supérieure au double de la longueur des vues directes et le rayon des combles ne pourra être plus grand que la longueur des mêmes vues directes.

Les cuisines sont régies par les mêmes règles que les pièces habitables. La surface en plan pouvant être réduite à 5 mètres.

L'habitation de nuit dans les cuisines est interdite.

Article 19

Les petites cours dites courettes, sur lesquelles sont exclusivement aérées et éclairées des pièces qui ne peuvent servir à l'habitation, auront une surface d'au moins 1o mètres carrés pour les rez-de chaussée avec 2 m 5o en plus pour chaque étage. Elles ne pourront jamais avoir moins de 3 mètres de largeur.

Article 20

Il est interdit de placer des combles vitrés au-dessus des cours ou des courettes, à moins qu'il ne soit établi, à la partie supérieure de ces cours et courettes, ainsi qu'à leur partie inférieure, des prises d'air assurant une ventilation efficace et constante dans toute la hauteur. Dans ce cas, il devra être employé du verre armé.

Article 21

Au dernier étage des bâtiments, les pièces habitables pourront exceptionnellement prendre jour et air sur les courettes.

Article 22

Le sol des cours et courettes devra être disposé de telle façon qu'il existe une pente suffisante pour assurer le prompt et facile écoulement des eaux.

Lorsque deux propriétaires d'immeubles contigus se seront mis d'accord pour constituer des cours communes, chacunes de ces cours devra, dans l'ensemble, satisfaire aux obligations énoncées aux art. 18, 19, 20, et 21 ci-dessus.

Les murs séparatifs entre les cours ne pourront dépasser en hauteur, 3 m 20. Les propriétaires devront notifier leur accord au Maire et prendre envers la Ville avant tout commencement d'exécution, l'engagement, par acte notarié, de maintenir leurs cours communes

Pour les baies des locaux à usage d'habitation de jour ou de nuit situés au rez-de-chaussée, la vue directe sera règlementée comme celle d'une cour ordinaire. Toutefois, si, au mur de clôture de 3 m 20 de hauteur maximun, on substitue un mur bahut surmonté d'une grille, ce dispositif ne sera pas considéré comme une limite de la vue directe des baies.

Escaliers

Article 23

Les escaliers, allées, vestibules et couloirs à usage commun seront aérés et éclairés directement dans toutes leurs parties. Les revêtements intérieurs seront faits de manière à pouvoir être maintenus dans un état constant de propreté et facilement entretenus.

Chauffage et ventilation

ARTICLE 24

Toute pièce destinée à l'habitation de jour ou de nuit sera munie d'un tuyau de fumée montant au dessus du faîte de l'immeuble et d'une prise d'air extérieur.

Tout appareil de combustion doit être relié à un conduit de fumée spécial étanche.

ARTICLE 25

Les fourneaux de cuisines, fixes ou mobiles, brûlant du bois, du charbon, du coke, du gaz ou des combustibles liquides, seront surmontés d'une hotte raccordée à un conduit de ventilation spécial. Dans le cas contraire, ils devront être efficacement ventilés. Dans les deux cas, une prise d'air extérieure sera aménagée.

ARTICLE 26

Les tuyaux de fumée s'élèveront à o m. 4o au moins au-dessus de la partie la plus élevée de la construction. Des précautions seront prises pour éviter tout retour de gaz.

ARTICLE 27

Les prises d'air des calorifères ne pourront se faire qu'à l'extérieur des constructions.

ARTICLE 28

Les appareils de chauffage seront construits et installés de telle sorte qu'il ne s'en dégage, à l'intérieur des pièces habitables, ni fumée, ni aucun gaz pouvant compromettre la santé des habitants.

Alimentation d'eau

ARTICLE 29

Les propriétaires sont tenus de prendre les dispositions néces-saires pour assurer l'eau potable aux occupants de leurs maisons.

ARTICLE 3o

Dans les conditions déterminées par l'arrêté municipal relatif à l'abonnement aux eaux de la Ville les maisons en bordure des rues pourvues d'une distribution publique d'eau potable seront reliées à la canalisation par un branchement spécial. Celui-ci desservira autant que possible les différents étages en cas de locations multiples de ces immeubles, ou tout au moins l'usage de l'eau potable sera assuré à tous les locataires à toute heure du jour et de la nuit.

ARTICLE 31

Dans les points où il n'existe pas de canalisation d'eau, les puits et citernes pourront être utilisés à condition qu'ils présentent les garanties de salubrité nécessaires.

Aucun puits ne sera utilisé s'il n'est situé à une distance convenable des fosses d'aisances, fumiers ou dépôts d'immondices.

ARTICLE 32

Les réservoirs d'eau potable auront leurs parois formées de matières qui ne puissent être altérées par les eaux. Le plomb en sera exclus.

Ils seront clos à leur partie supérieure de façon que les poussières, les liquides ou toutes autres matières étrangères n'y puissent pénétrer.

Le fond sera établi en forme de cône renversé et la partie inférieure sera munie d'un robinet de nettoyage. Ils seront soustraits au rayonnement solaire et éloignés des conduits d'évacuation des eaux ménagères et des matières usées.

Ils seront ténus en état constant de propreté.

ARTICLE 33

Les parois des puits seront étanches au-dessus de la couche aquifère utilisable. Les puits seront fermés à leur orifice et protégés contre toute infiltration d'eau superficielle, par l'établissement d'une aire bétonnée d'un diamètre supérieur à celui du puits, hermétiquement rejointe aux parois de celui-ci et légèrement inclinée du centre vers la périphérie.

ARTICLE 34

Les puits seront tenus en état constant de propreté. Dans le cas contraire, il sera procédé à leur nettoyage ou à leur désinfection sur injonction du Maire, après avis conforme du Bureau d'Hygiène ou de l'autorité sanitaire, dans les conditions prévues à l'article 12 de la loi du 15 février 1902.

ARTICLE 35

Aucun puits ne pourra être mis en service sans une autorisation administrative.

ARTICLE 36

Les puits dont l'usage sera reconnu dangereux et ceux dont l'usage est interdit à titre définitif seront comblés jusqu'au nivean du sol.

ARTICLE 37

Les citernes dont l'eau sera employée pour l'alimentation, auront leurs parois et leurs tuyaux d'amenée imperméables

L'orifice des citernes sera clos et l'eau ne pourra y être puisée qu'à l'aide d'une pompe ou d'un robinet siphonné.

Evacuation des eaux et matières usées

ARTICLE 38

Dans toutes les constructions nouvelles élevées dans les rues pourvues d'égouts, les eaux ménagères, industrielles et les vidanges seront conduites dans l'égout d'après les conditions déterminées par l'arrêté municipal règlementant cet objet. En aucun cas elles ne pourront être reçues dans des puits absorbants ni dans des fosses étanches.

Pour les immeubles existant dans ces rues, la même obligation est imposée immédiatement aux propriétaires, en cas de grosses réparations ou si les cabinets et les fosses sont installés dans des conditions d'insalubrité évidente et dans un délai de trois ans après la mise en service du champ d'épandage ou de tout autre système équivalent.

Ces mesures seront également obligatoires dans les conditions ci-dessus déterminées, pour tous les immeubles, aussitôt que les rues seront pourvues d'égouts.

Lorsque les conduits d'évacuation aboutissent à des fosses septiques ou à des appareils analogues, ces derniers doivent remplir les conditions prescrites par l'arrêté préfectoral du 18 mai 1926 annexé au présent règlement statuant sur l'installation, le mode d'emploi et la surveillance de ces appareils.

Il est stipulé, d'autre part, que pour le cas où un égout viendrait à être installé dans une rue qui en était dépourvue jusqu'alors, les fosses septiques ou appareils analogues devront être supprimés dans un délai maximum de deux ans et toutes dispositions utiles prises pour l'évacuation à l'égout des eaux ménagères, des eaux usées et des vidanges, conformément aux prescriptions des arrêtés municipaux.

ARTICLE 39

Dans toute construction nouvelle destinée à l'habitation, il y aura par appartement, quelle qu'en soit l'importance, à partir de deux pièces habitables (non compris la cuisine), un cabinet d'aisance aéré et éclairé directement.

Un évier ou un poste d'eau sera annexé à ce cabinet, toutes les fois que la canalisation le permettra. Cet évier ou ce poste d'eau comportera un robinet d'amenée pour l'eau de lavage et un vidoir pour l'évacuation des eaux usées.

ARTICLE 40

Il sera également établi dans les mêmes conditions, pour le service des pièces habitables louées isolément, un cabinet d'aisance par cinq pièces habitables et un poste d'eau, autant que possible, par dix pièces habitables.

ARTICLE 41

Dans les établisements à usage collectif, le nombre des cabinets d'aisances sera déterminé en prenant pour base le nombre des personnes appelées à en faire usage et la durée du séjour de ces personnes dans lesdits établissements.

ARTICLE 42

Les cabinets d'aisances seront munis de revêtements lisses et imperméables, susceptibles d'être facilement lavés ou blanchis à la chaux. Leur baie d'aération sera installée de telle sorte qu'elle puisse rester ouverte en permanence. Ils seront tenus proprement.

ARTICLE 43

Les cabinets d'aisances installés dans les maisons ne communiqueront directement ni avec les pièces habitables, ni avec les cuisines, à moins qu'ils ne soient installés avec le tout à l'égout règlementaire et une ventilation directe et efficace.

ARTICLE 44

Les cabinets d'aisances, soit particuliers, soit à usage commun, auront au moins deux mètres de hauteur et une surface minima de un mètre carré ; ils seront munis de cuvettes à occlusion hermétique et permanente et les dispositions seront prises pour assurer le lavage complet des cuvettes.

Le sol des cabinets à usage commun sera imperméable et disposé

de façon à assurer l'écoulement des liquides, soit directement dans
la chute par un orifice muni d'un siphon hydraulique, soit duns
la cuvette au-dessus du siphon ou de tout autre appareil de cette
cuvette.

ARTICLE 45

Les conduits et canalisations destinés à recevoir les matières des
cabinets d'aisances auront leurs revêtements intérieurs lisses et
imperméables. Ils seront installés de telle sorte qn'aucune matière
n'y puissent séjourner. Les joints seront hermétiques.

Les canalisations seront munies de tuyaux dits égouts. Ceux-ci
seront prolongés au-dessus des parties les plus élevées de la construction. Ils seront établis de manière à ne jamais déboucher soit
au-dessous, soit à proximité des fenêtres ou des réservoirs d'eau.

ARTICLE 46

Lorsque les conduits des cabinets d'aisances seront reliés à des
égouts publics, chacun d'eux aura à son pied une occlusion hermétique et permanente disposée de telle sorte qu'aucun reflux de
l'air de l'égout ne puisse se faire dans l'habitation.

ARTICLE 47

Les conduits d'évacuation des éviers, lavabos, vidoirs, bains, etc.,
seront indépendants de ceux des cabinets d'aisances, mais ils
pourront faire jonction avec ceux-ci en tout endroit situé au-
dessous du pied de la cuvette.

ARTICLE 48

Tous ouvrages appelés à recevoir des matières usées avec ou
sans mélange d'eaux pluviales, d'eaux ménagères ou de tous autres
liquides, tels qu'égouts, conduits, tinettes, fosses, puisards, etc.,
auront leurs revêtements intérieurs lisses et imperméables.

Leurs dimensions seront proportionnées au volume des matières
qu'ils reçoivent. Leurs communications avec l'extérieur seront
établies de telle sorte qu'aucun reflux de liquide, de matières ou
de gaz nocifs ne puisse se produire dans l'intérieur des habitations.

ARTICLE 49

Il est interdit de jeter dans les ouvrages destinés à la réception
ou à l'évacuation des eaux pluviales, des eaux ménagères ou des
matières usées, des objets quelconques capables de les obstruer.

ARTICLE 50

Les urinoirs établis dans les immeubles devront déverser soit dans les fosses d'aisances, soit dans des puisards, soit dans les égouts ; ils devront être tenus dans un état constant de propreté et désinfectés fréquemment.

ARTICLE 51

Les fosses d'aisances seront rigoureusement étanches et ventilées au moyen d'un tuyau de dimension appropriée et montant jusqu'au niveau supérieur des souches de cheminée. Elle auront une profondeur d'au moins deux mères sous la clé de voûte et l'orifice, pour les opérations de vidanges, devra présenter une section ayant une surface minima de 65 centimètres carrés. Cet orifice sera pratiqué au sommet de la voûte et fermé par une dalle en pierre ou en fonte.

ARTICLE 52

Pour la construction ou la reconstruction des fosses d'aisances, les propriétaires devront se conformer aux prescriptions de l'arrêté municipal y relatif.

ARTICLE 53

En cas d'impossibilité d'établir des fosses d'aisances étanches, il sera fait emploi de fosses mobiles dans les conditions déterminées par le même règlement.

ARTICLE 54

Si pour une cause quelçonque, la vidange d'une fosse d'aisance est jugée nécessaire, soit parce qu'elle ne paraît pas remplir les conditions règlementaires, soit pour toute autre cause, le propriétaire sera mis en demeure de faire exécuter le travail nécessaire dans le délai qui lui sera fixé par l'Administration. Faute par lui de se conformer à cette prescription, le travail sera fait à ses frais par les soins de l'Administration, sans préjudice des frais auxquels il pourra s'exposer par suite des contraventions qui pourront être relevées contre lui pour infraction au présent règlement.

Evacuation des eaux pluviales

ARTICLE 55

Les eaux provenant des toitures des bâtiments seront reçues dans des chaîneaux ou gouttières étanches de dimensions appropriées, puis conduites jusqu'au sol par des tuyaux de descente. Elles seront ensuite évacuées, selon les dispositions des lieux, soit dans les égouts de la Ville, soit dans des puits absorbants, soit dans les canivaux de la voie publique au moyen de conduits, gargouilles ou ruisseaux pavés.

ARTICLE 56

Il est interdit de projeter des eaux ou matières usées, de quelque nature qu'elles soient, dans les chaineaux ou gouttières.

ARTICLE 57

Dans les maisons en bordures de rues munies d'égouts, le sol des cours et courettes sera révêtu en matériaux imperméables, avec des pentes convenablement réglées pour diriger les eaux sur les orifices d'évacuation.

Les entrées seront munies d'une occlusion hermétique et permanente et raccordée sur les conduits d'évacuation.

Des puits et des puisards absorbants

ARTICLE 58

Les puits et les puisards absorbants sont interdits, sauf ceux destinés à ne recevoir que des eaux pluviales en l'absence d'égout.

ARTICLE 59

Aucun puisard ou puits absorbant ne pourra être établi sans une autorisation administrative: A cet effet, tout propriétaire devra avant de commencer les travaux, adresser une demande écrite à l'autorité municipale.

Dans le cas où les puits d'absorption répandraient des mauvaises odeurs, ils devraient être vidangés immédiatement.

Fumiers et fosses à purin

ARTICLE 60

Les fumiers des écuries, bouveries, bergeries et porcheries seront évacués au moins deux fois par semaine, du 1er octobre au 31 mars et trois fois par semaine du 1er au 30 septembre.

Il est formellement interdit de les accumuler et de les laisser séjourner en bordure de la voie publique, ou contre les habitations.

En attendant leur utilisation, on pourra les disposer, loin des habitations, sur des aires étanches, convenablement aménagées pour l'évacuation des liquides à la fosse à purin.

Les fosses à purin seront construites en maçonnerie, complètement étanches et vidangées comme les fosses d'aisances.

Leur contenu pourra être utilisé pour l'épandage agricole loin des habitations.

Celles dont l'insalubrité serait dûment constatée devront être immédiatement réparées, reconstruites ou supprimées.

Logement des animaux

ARTICLE 61

Les écuries, bouveries, bergeries, porcheries, seront bien ventilées, bien éclairées et pourvues d'un plancher haut, hourdé plein.

Les murs seront imperméables intérieurement jusqu'à un mètre cinquante à partir du sol et blanchis à la chaux vive dans le reste de leur hauteur ainsi que le plafond.

Leur sol, également imperméable, devra être muni des pentes nécessaires pour faciliter l'écoulement des liquides jusqu'au caniveau d'évacuation et à la fosse à purin.

La hauteur sous plafond sera de 2 m. 90 pour les écuries et les bouveries, de 2 m. 50 pour les bergeries et de 2 m. pour les porcheries.

Des précautions efficaces seront prises contre les mouches.

Des animaux domestiques

ATICLE 62

Il est interdit de conserver dans la ville, sans autorisation, des porcs, vaches ou autres animaux tels que moutons, boucs, chèvres lapins, etc.

ARTICLE 63

Il est également interdit d'élever, sans autorisation, des pigeons poules et autres oiseaux de basse-cour qui peuvent être une cause d'insalubrité ou d'incommodité.

ARTICLE 64

Toute personne qui désirera conserver ou élever dans les dépendances d'une habitation un ou plusieurs des animaux désignés aux deux articles précédents, devra en faire la demande par écrit à l'administration.

ARTICLE 65

L'autorisation ne sera accordée qu'après visite des lieux et rapport constatant qu'il ne peut en résulter aucun inconvénient pour le voisinage.

ARTICLE 66

Les locaux autorisés dans lesquels seront placés ces animaux devront être maintenus en état constant de propreté.

ARTICLE 67

Les autorisations seront toujours révocables en cas de plainte reconnue fondée.

ARTICLE 68

Les autorisations ci-dessus ne pourront être délivrées, en ce qui concerne les porcs et les vaches, que pour six porcs et deux vaches seulement.

Au delà de ce nombre, la législation sur les établissements insalubres, dangereux ou incommodes sera appliquée.

ARTICLE 69

Il est formellement interdit de nourrir, dans l'intérieur des habitations, ou de leurs dépendances un nombre de chiens, chats ou autres animaux ou oiseaux domestiques, tel que la sûreté, la salubrité et la tranquillité des habitations voisines se trouveraient compromises.

Des constructions en bois

ARTICLE 70

Les constructions en bois et en pans de bois sont interdites en bordure des voies publiques.

ARTICLE 71

Les façades des constructions en pans de bois établies dans l'intérieur des propriétés et servant à l'habitation, devront avoir une épaisseur minima de 16 centimètres et être recouvertes des deux côtés d'un lattis et d'un enduit de ciment, de chaux hydraulique ou de plâtre.

Matériaux de démolition

ARTICLE 72

Les matériaux provenant de démolition seront désinfectés, au moyen d'une solution au sulfate de fer, avant leur transport, soit aux décharges publiques, soit ailleurs.

Buanderies et lavoirs publics

ARTICLE 73

Les buanderies et lavoirs publics seront largement aérés et tenus avec la plus grande propreté. Ils seront nettoyés à fond et désinfectés au moins une fois par mois. Il en sera de même pour les bassins qui seront rigoureusement étanches.

Permis de construire

ARTICLE 74

Aucune construction neuve, ou modification de construction existante à usage d'habitation ne pourra être entreprise sans autorisation préalable du maire, ni habitée sans constatation par le maire, de la conformité de l'exécution avec les plans autorisés en accord avec le présent règlement.

A cet effet, le propriétaire devra remettre à l'administration municipale, avec sa demande signée par lui, les dessins cotés (plans, coupes et élévations) et à une échelle suffisante, de tous les travaux projetés.

Les plans comporteront l'indication des dispositifs d'évacuation des matières et eaux usées.

Si les prescriptions réglementaires sont observées, l'autorisation sera délivrée dans le plus bref délai possible. Il sera délivré au pétitionnaire une autorisation de construire visant ces dessins, qui seront conservés à la Mairie. Si des modifications sont reconnues nécessaire, ou s'il y a lieu de refuser l'autorisation, la décision en sera notifiée dans le délai de 20 jours après la date du dépot des plans.

A l'époque de l'achèvement des travaux, le propriétaire doit aviser l'administration municipale de façon que celle-ci puisse faire constater que les règlements ont été observés et que l'habitation peut-être autorisée sans inconvénient pour la santé des occupants.

ARTICLE 75

Si, pour l'édification d'une construction, l'autorisation n'a pas été demandée ou si les prescriptions du présent règlement sanitaire n'ont pas été observées, il sera dressé procès-verbal au contrevenant, en conformité de l'article 11 de la loi du 15 février 1902 et il sera ensuite procédé suivant les dispositions de l'article 12 de la même loi.

Entretien des habitations

ARTICLE 76

Les façades sur rue, sur cour ou courette seront maintenues en état de propreté, ainsi que le sol des cours et des courettes. La réparation des enduits des façades et des murs de clôture en bordure de la voie publique sera obligatoire toutes les fois qu'une partie de ces enduits sera détériorée au point de laisser à découvert une partie des maçonneries.

Les façades mentionnées au présent article seront remises en état de complète propreté au moins une fois tous les douze ans et à cet effet la Ville sera divisée en douze sections. Chaque année, le Maire, d'accord avec la Commission sanitaire d'arrondissement, déterminera par un arrêté spécial la zone de la Ville, et nominativement les immeubles de cette zone auxquels ces mesures sont applicables. Les propriétaires seront tenus de s'y conformer sans autre injonction dans les délais et conditions prescrites par le même arrêté.

ARTICLE 77

Les parois des allées, escaliers, vestibules et couloirs à usage commun, seront tenus à l'état de propreté aussi complète et aussi parfaite que possible. Il en est de même des murs et des plafonds, des boiseries et sièges, des cabinets d'aisances à usage commun qui devront être tenus à l'état de complète propreté.

ARTICLE 78

Les chênaux et gouttières, les cuvettes d'eau ménagères, les tuyaux de toute nature, les cabinets d'aisances à usage commun, les gargouilles, canivaux, ruisseaux, les sols des dépendances communes, telle que cours, courettes, allées, couloirs, les caveaux de fosses mobiles, etc..., seront tenus constamment en bon état d'entretien et de propreté.

Article 79

Il est interdit de conserver dans l'intérieur des pièces servant à l'habitation, des amas d'os, de peaux, de chiffons, détritus, objets et matières quelconques pouvant répandre des exhalaisons malsaines.

L'état de malpropreté extrême d'une habitation quelle qu'en soit la nature, pouvant être une cause d'insalubrité pour les occupants ou pour le voisinage est également réprimé par le règlement et des mesures pourront être imposées pour y rémédier.

CHAPITRE II

De la propreté des rues
et enlèvement des ordures ménagères

Article 80

Conformément aux prescriptions des arrêtés des 4 Décembre 1875 et 2 Juin 1877, les rues de la Ville, reconnues ou non, les places publiques, boulevards, voies privées closes ou non, à l'extrémité, impasses, seront tenus dans un état constant de propreté.

Article 81

Les mesures prescrites par l'article précédent sont à la charge des propriétaires et locataires des voies non reconnues, chacun en ce qui le concerne.

Interdictions

Article 82

Il est interdit notamment :

1° De déposer sur les chaussées et sur les trottoirs, dans les rigoles ou caniveaux des rues, quais, places, promenades et boulevards de la Ville, impasses et voies privées, des immondices, ordures ou détritus quelconques provenant de l'intérieur des habitations, usines, magasins ou entrepôts.

2° De laisser en dépôt sur les voies publiques ou privées des cendres, sciure de bois ou toutes autres matières quelconques.

3° D'y jeter par les portes ou fenêtres, soit de jour ou de nuit, aucune eau propre, ménagère ou industrielle, corps durs et immondices, poussières ou ordures de nature quelconque, dont les passants ou la salubrité auraient à souffrir.

4° D'étendre du linge ou des tapis aux fenêtres ou sur des cordes attachées aux arbres des places publiques.

5° De battre, nettoyer et secouer par les fenêtres, soit dans les rues et places, des tapis, coussins, nattes, étoffes, etc..., à partir de huit heures du matin, du 1er mars au 3o septembre et de neuf heures du matin du 1er octobre au 28 février.

6° De battre et carder les matèlas ailleurs qu'aux endroits désignés à cet effet.

7° Sur tout le territoire de la Ville, d'enfouir des animaux morts d'une maladie quelconque, à moins que l'enfouissement n'ait lieu à 100 mètres au moins des habitations et dans les conditions prévues par la loi.

Obligations

ARTICLE 83

Les habitants non abonnés au balayage municipal sont tenus de balayer ou de faire balayer, tous les jours sans exception, au devant de leurs maisons, magasins, bâtiments de quelque nature qu'ils soient, murs de cours ou jardins et tous autres emplacements au droit de leurs immeubles.

La même obligation est imposée aux propriétaires ou locataires de maisons, cours et jardins qui ne sont point habitées.

Ils sont tenus, avant de balayer, d'arroser de manière que les poussières ne puissent s'élever et incommoder les piétons.

ARTICLE 84

Le balayage et notamment l'enlèvement des ordures et immondices se feront aux heures et dans les conditions déterminées par les arrêtés municipaux réglementant cet objet. Les boîtes à ordures, conformes aux modèles déterminés par les dits arrêtés, sont à la charge des propriétaires qui sont également chargés de leur entretien et d'en assurer la sortie et la rentrée aux heures règlementaires.

Elles seront tenues à la disposition des locataires à partir de 20 heures jusqu'au moment du passage du boueur le lendemain.

ARTICLE 85

Les immondices et balayures ne pourront, en aucun cas, être conduites devant les maisons voisines, ni déposées sur les tas de boue provenant du raclage des chaussées macadamisées ou de décombres dont l'enlèvement est à la charge des ceux qui les auront faits.

Article 86

Lorsque la sécheresse et l'intensité de la chaleur l'exigeront, les propriétaires ou locataires des maisons, cours et jardins longeant la voie publique, devront, au moment où les bornes fontaines seront ouvertes, arroser amplement le pavé devant leurs maisons et dépendances, jusqu'au milieu de la rue, et nettoyer les rigoles de façon à assurer l'écoulement des eaux utilisées.

Pendant l'hiver, les propriétaires et locataires sont tenus de briser la glace dans les ruisseaux, de balayer et racler les neiges et les glaces sur le trottoir et d'y répandre du sable, des cendres ou autres matières analogues, s'il y a du verglas, et toutes les fois qu'il pourra y avoir danger pour la circulation publique.

Article 87

L'obligation de briser la glace et de balayer les rues étant une charge pour les propriétaires ou locataires riverains, chacun devra l'exécuter par moitié et jusqu'à la ligne milieu de la rue.

Le relèvement des glaces et des neiges devra être opéré de manière à laisser le ruisseau libre et à n'apporter aucun obstacle à la circulation des voitures.

Les mesures imposées par cet article ainsi que par l'art. précédent s'appliquent à tous les intéressés ; mêmes à ceux abonnés au balayage.

Article 88

Dans le périmètre aggloméré de la Ville, les terrains vagues appartenant à des particuliers, à la Ville, au Département ou à l'Etat, devront être clos assez solidement et à hauteur suffisante pour éviter tout dépôt d'ordures et d'immondices.

Article 89

Le transport des animaux morts, des résidus de fonte, de suif, boyaux verts, débris de peaux, cuirs verts non salés, vidanges ou tinettes, os frais ou toutes autres marchandises analogues ne pourra être effectué que dans des voitures hermétiquement closes et étanches. Ces voitures seront lavées et désinfectées après chaque transport.

Transport du linge sale en Ville

Article 90

Le linge sale ne sera transporté à l'intérieur de la Ville, que renfermé, soit dans des voitures hermétiquement closes et étanches, soit dans des sacs, caisses ou enveloppes spéciales soigneusement clos. Ces voitures, sacs, caisses ou enveloppes seront lavés et désinfectés après chaque transport.

Lorsque le transport du linge sale se fera simultanément sur le même véhicule, avec du linge propre, des dispositions seront prises pour qu'en aucun cas ces deux sortes de linge ne puissent se trouver en contact.

Ces prescriptions sont rigoureusement applicables à tous les véhicules quelconques, brouettes, voiturettes et voitures attelées, transportant du linge sale d'une façon permanente ou accidentelle.

Sections sanitaires

ARTICLE 91

Afin de permettre à l'Administration de distinguer plus facilement les parties du territoire de la commune où des cas de maladies épidémiques se déclarent le plus fréquemment et de prendre les mesures qui paraîtraient nécessaires pour combattre ces affections et protéger les quartiers où elles séviraient, la Ville sera divisée en six sections et chacune de ces sections sera elle-même divisée en deux zones.

Ces sections porteront les n°⁵ 1, 2, 3, 4, 5, 6, et les zones de chaques sections seront désignées par la dénomination de première zone et de deuxième zone.

Les premières zones comprendront l'intérieur de la Ville et les deuxièmes zones les faubourgs et quartiers extérieurs.

ARTICLE 92

La première section sera limitée par les rues Rameau. Chabot-Charny, place Wilson, cours du Parc, rues Lamonoye, Jeannin, Paul Cabet, place du trente-octobre, boulevard de Srasbourg, et chemin de Crômois.

La deuxième par le cours du Parc, place Wilson rues Chabot-Charny, Rameau, la place d'Armes, rue de la Liberté jusqu'à la rue Bossuet, rue Bossuet, place Bossuet, rues Monge, de l'Hôpital, place du 1ᵉʳ Mai, avenue de l'Arsenal et route de Beaune.

La troisième par la rue Bossuet, place Bossuet, rues Monge, de l'Hôpital, place du 1ᵉʳ-Mai, avenue de l'Arsenal et route de Beaune, puis par la rue de la Liberté, à partir de la rue Bossuet, place Darcy et l'avenue Victor-Hugo.

La quatrième par la rue de la Liberté, à partir de la rue des Godrans, place Darcy et avenue Victor Hugo, puis par la rue des

Godrans, la place Etienne Dolet, rue Claude Bernard, place Dupuis, rue d'Ahuy, place Barbe, rue de Jouvence et rue Général Fauconnet.

La cinquième, par la rue des Godrans, place Etienne Dolet, rue Claude Bernard, place Dupuis, rue d'Ahuy, place Barbe, rue de Jouvence et rue Général Fauconnet ; puis par la rue de la Liberté, à partir de la rue des Godrans, la place d'Armes, les rues Rameau, Lamonoye, la ligne joignant la rue Lamonoye à la rue J. J. Rousseau, rue J. J. Rousseau, place de la République, rue Marceau et Chemin de Ruffey.

La sixième, par la rue J.-J. Rousseau, place de la République, côté est, rue Marceau, chemin de Ruffey, rue Jeannin, Paul Cabet, place du trente-octobre, boulevard de Strasbourg et Chemin de Crômois.

Les deux zones de la première section seront séparées par le boulevard Carnot.

Celles de la seconde, par la rue Tivoli et la rue de la Manutention.

Celles de la troisième, par le rempart de la Miséricorde, les rues Mariotte et Guillaume Tell.

La quatrième, par la rue Jacques Cellerier, la ligne allant de cette rue à la rue de Constantine, rue de Constantine et de l'extrémité de cette rue, rue du Hâvre jusqu'à la rue de Jouvence.

La cinquième, par la rue Gagnereux, de l'extrémité de cette rue la partie de la rue Sambin qui aboutit rue Général Fauconnet et du pont de Suzon à la rue Marceau par la rue Auguste Freymet.

La sixième, de la rue Marceau à la place du trente-octobre par le cours du Suzon et la rue Davoust.

Il est spécifié que pour chaque zone, la ligne séparative est fixée par l'axe des voies qui les forme et que pour chaque section, tous les immeubles donnant accès sur les artères qui les déterminent seront compris dans ladite section.

CHAPITRE III

Prophylaxie des maladies transmissibles

ARTICLE 93

Les précautions à prendre pour prévenir ou faire cesser les maladies transmissibles, dont la déclaration est obligatoire en vertu de l'article 1er du décret du 10 février 1903, conformément à l'article 4 de la du loi 15 février 1902 et notamment l'isolement du malade et la désinfection, sont déterminées par les conditions ci-après.

ARTICLE 94

Les mêmes mesures sont également applicables en cas de l'une des maladies énumérées dans la deuxième partie de l'article 1er du décret précité du 10 février 1903, sur la demande des familles, des chefs de collectivités publiques ou privées, des administrations hospitalières, des bureaux d'assistance, après entente avec les intéressés.

Isolement

ARTICLE 95

Tout individu atteint d'une des maladies prévues aux articles précédents sera isolé de telle sorte qu'il ne puisse la propager par lui-même ou par ceux qui sont appelé à le soigner.

ARTICLE 96

L'isolement sera pratiqué soit à domicile, soit dans un local aménagé à cet effet, soit à l'hôpital.

ARTICLE 97

L'isolement à domicile comporte l'éloignement de toutes personnes autres que celles qui sont directement appelées à donner leurs soins au malade, l'affectation à celui-ci d'une partie distincte de l'habitation, l'absence de toute communication directe avec les personnes ou les choses du dehors.

ARTICLE 98

Jusqu'à la disparition complète de tout danger de transmission, on ne laissera approcher du malade que les personnes appelées à le soigner. Celles-ci prendront les précautions convenables pour éviter la propagation du mal.

Transport des malades

ARTICLE 99

Il est interdit de transporter des malades atteints de maladies transmissibles dans des voitures publiques. En cas d'infraction à cette disposition et sans préjudice de la contravention qu'elle pourra entraîner, la voiture dans laquelle aura été transporté un de ces malades sera désinfectée immédiatement après le transport par les soins ou sous la surveillance du service d'hygiène.

ARTICLE 100

L'Administration municipale tiendra constamment à la disposition de toute personne qui pourra en avoir besoin, un véhicule spécialement affecté au transport des malades. Le transport sera gratuit pour les personnes indigentes ou pouvant être considérées comme telles, et payant pour celles placées en dehors de cette catégorie. Pour ces dernières, les frais de transport sont payés d'après les prix fixés par le tarif spécial.

Après chaque transport, le véhicule ainsi que les objets ayant été utilisés pendant le voyage pour la commodité du malade, seront désinfectés soigneusement par les procédés les plus énergiques.

S'il s'agit de transport par chemin de fer, le chef de gare devra être prévenu à l'avance pour permettre l'application de l'article 40 du règlement sur la police des chemins de fer modifié par décret du 1er mars 1901.

Désinfection

ARTICLE 101

La désinfection est obligatoire pour les locaux et objets ayant été en contact avec le malade, pour les maladies indiquées par les décrets qui imposent cette mesure.

ARTICLE 102

Il est interdit de déverser aucune déjection ou excrément (crachats, matières fécales etc...) provenant du malade atteint d'une affection transmissible, sur les voies publiques ou privées, dans les cours, dans les jardins, dans les caisses à ordures, ou sur des tas d'immondices ou de fumiers. Ces déjections et excrétions devront être recueillies dans des vases spéciaux et désinfectées avant d'être projetées exclusivement dans les cabinets d'aisances.

ARTICLE 103

Pendant toute la durée d'une maladie transmissible, les objets à usage personnel ou domestique du malade et des personnes qui l'assistent, de même que les objets contaminés, ou souillés, seront désinfectés ou détruits par le feu.

ARTICLE 104

Il est interdit, sans désinfection préalable, de jeter, secouer ou exposer aux fenêtres, de déposer ou secouer sur les voies publiques ou privées, dans les couloirs, escaliers ou dans les cours et jardins et même dans les terrains vagues aucun linge, vêtement, objet de literie, tapis ou tentures ayant servi au malade ou provenant des locaux occupés par lui.

ARTICLE 105

Le nettoyage à sec de la pièce et des objets qui la garnissent est interdit pendant toute la durée de la maladie, le nettoyage humide devra être fait à l'aide de linges, étoffes, tissus ou substances imprégnés de solutions antiseptiques.

ARTICLE 106

Il est interdit d'envoyer, sans désinfection préalable, aux lavoirs publics ou privés ou dans les blanchisseries, des linges et effets à usage contaminés ou souillés par un malade atteint d'une affection transmissible.

Il est également interdit d'envoyer, sans désinfection préalable, aux établissements industriels qui pratiquent le cardage, ou l'épuration proprement dite, des matelas, literies et couvertures ayant servi à des malades atteints de maladies transmissibles.

Dans le cas où ce lavage y aurait été néanmoins pratiqué, le propriétaire du lavoir ou de la blanchisserie tiendra l'établissement fermé jusqu'à ce que la désinfection et l'assainissement prescrit par l'autorité municipale aient été régulièrement effectués.

ARTICLE 107

Les locaux occupés par le malade seront désinfectés aussitôt après son transport en dehors de son domicile, sa guérisson ou son décès.

ARTICLE 108

Toutes les fois que la désinfection sera opérée par le service municipal, l'exécution de cette prescription pourra être constatée par un certificat délivré aux intéressés, sur leur demande, par le Maire ; ce certificat ne mentionnera ni le nom du malade, ni la nature de la maladie ; il désignera les locaux désinfectés.

Sortie des malades

ARTICLE 109

Après guérison, le malade ne devra sortir qu'après avoir pris les précautions convenables de propreté et de désinfection.

ARTICLE 110

Dans le cas où le malade soigné dans un établissement hospitalier sortirait de cet établissement, pour quelque motif que ce soit, avant que tout danger de contamination ait disparu pour les personnes avec lesquelles il pourrait se trouver en contact, l'avis doit en être donné immédiatement au Maire par le médecin traitant ou le chef de service responsable. Cet avis, formulé dans les mêmes conditions que la déclaration de maladie, doit indiquer le domicile ou le lieu auquel le malade sortant a déclaré se rendre.

ARTICLE 111

Les enfant atteints d'une maladie transmissible ne pourront être admis dans une école publique ou privée qu'après avis favorable du médecin traitant et l'autorisation du médecin-inspecteur de l'école.

Refuges et Asiles

ARTICLE 112

Dans les établissements publics ou privés recueillant à titre temporaire ou permanent des personnes sans asile, les vêtements et effets à usage de celles-ci seront aussitôt désinfectés.

La désinfection du matériel et des locaux de ces établissements sera pratiquée chaque jour pour toute la partie du matériel ayant servi aux réfugiés et des locaux qu'ils auront occupés.

Procédés de désinfection

ARTICLE 113

La désinfection sera pratiquée, soit par les services publics, soit par les particuliers dans les conditions prescrites par l'article 7 de la loi du 15 février 1902, notamment en ce qui concerne l'approbation préalable des procédés par le Ministre de l'intérieur.

ARTICLE 114

Toute désinfection par une entreprise privée sera portée à la connaissance de la Mairie par une lettre de l'entrepreneur indiquant la date et l'heure ; cette lettre devra être déposée au Bureau d'Hygiène au plus tard la veille du jour où doit s'effectuer l'opération.

ARTICLE 115

Les appareils de désinfection employés dans la Ville à la désinfection obligatoire sont soumis à une surveillance permanente exercée par le Bureau d'hygiène.

L'emploi de ces appareils sera suspendu à titre temporaire ou définitif, s'il est établi qu'ils ne fonctionnent plus dans les conditions prévues par le certificat de mise en service ou que les détériorations constatées ne permettent plus leur fonctionnement normal.

ARTICLE 116

En ce qui concerne le service municipal de désinfection, un arrêté en détermine l'organisation et le fonctionnement.

ARTICLE 117

Les dépenses causées par la destruction des objets mobiliers à l'usage des malades, quand leur destruction sera reconnue indispensable, seront à la charge de la Ville ; cette destruction se fera par le feu.

Le Maire prendra, après ou avant toute entente avec les intéressés, les mesures que comporte la situation.

Cadavres

ARTICLE 118

Les cadavres des personnes mortes de maladies transmissibles seront isolés le plus promptement possible.

Les dispositions nécesaires seront immédiatement prises pour assurer la mise en bière et l'inhumation, en exécution du décret du 27 avril 1889

Dispositions générales

ARTICLE 119

Une surveillance spéciale est exercée, au point de vue de la qualité de l'eau potable, sur les établissements ouverts au public, tels que cafés, restaurants ou débits. L'usage de toute eau reconnue malsaine est interdit par arrêté du maire. Les puits ou citernes dont l'eau servant d'eau potable serait reconnue malsaine seront immédiatement fermés.

ARTICLE 120

Si les matières de vidanges sont utilisées pour des cultures, elles seront recueillies et transportées dans des récipients clos jusqu'à leur dépôt, sur les terrains auxquels elles sont destinées.

ARTICLE 121

Il est interdit de déverser des matières de vidanges et des eaux d'égout sur des champs où sont cultivés à ras du sol des légumes et des fruits destinés à être consommés crus.

ARTICLE 122

Les prescriptions des articles qui précèdent sont applicables aux établissements collectifs ou publics, aux administrations publiques, ainsi qu'aux édifices publics.

ARTICLE 123

Les prescriptions formulées par les articles 2, 9 à 28 inclus ne sont pas applicables aux maisons actuellement existantes qui restent soumises aux règles générales de l'hygiène et de l'assainissement, excepté en cas de réfection complète de ces maisons, où elles seront considérées comme neuves et par suite soumises anx prescriptions imposées aux maisons nouvelles.

L'article 38 ne pourra avoir son effet qu'à partir de la mise en service du tout à l'égout.

ARTICLE 124

Il ne pourra être dérogé aux dispositions du présent règlement que dans les cas exceptionnels et sur autorisation expresse de l'Administration.

En cas de dérogation aux dispositions sus-visées, les interressés devront se conformer à toutes les prescriptions qui leur seront imposées par l'Administration.

ARTICLE 125

Nul ne pourra s'opposer aux visites et enquêtes des agents de l'Administration dûment mandatés à l'effet de veiller à l'application du présent règlement.

ARTICLE 126

Les contraventions aux dispositions du présent règlement seront poursuivies conformément à l'article 27 de la loi du 15 février 1902 et passibles des pénalités prévues tant par cet article que par l'article 471 du Code pénal, sans préjudice de l'application des articles 28, 29 et 30, ainsi que des contraventions dites de grande voirie qui leur seraient applicables.

ARTICLE 127

Les présentes dispositions annulent celles contenues dans les arrêtés des 8 décembre 1904 et 22 décembre 1905.

ARTICLE 128

MM. le Secrétaire Général de la Mairie, le Directeur du bureau d'Hygiène, l'Ingénieur en Chef des Travaux Communaux, le Receveur Municipal et le Commissaire central de police sont chargés de l'exécution du présent arrêté qui sera publié, affiché et inséré au *Bulletin Municipal Officiel*, après qu'il aura été soumis au visa approbatif de M. le Préfet de la Côte-d'Or.

Fait à Dijon, en l'Hôtel de Ville, le 19 octobre 1926.

Le Maire, Chevalier de la Légion d'Honneur,
GASTON GÉRARD.

Vu et approuvé, Dijon, le 23 octobre 1926.

Pour le Préfet, le Secrétaire Général,
BALLEY.

ANNEXE

ARRÊTÉ PRÉFECTORAL

Réglementant les conditions d'installation, le mode d'emploi et la surveillance des

FOSSES SEPTIQUES
ou Appareils analogues

Nous, PRÉFET DE LA COTE D'OR, Chevalier de la Légion d'Honneur,

Vu la loi du 15 Février 1902, relative à la protection de la Santé publique, notamment l'article 2 ;

Vu la loi du 5 Avril 1884 sur l'organisation municipale, notamment les articles 91, 97 et 99 ;

Vu la circulaire, en date du 22 Juin 1925, de M. le Ministre du Travail, de l'Hygiène, de l'Assistance et de la Prévoyance sociales ;

Vu les rapport et avis de M. l'Inspecteur départemental des Services d'Hygiène ;

Vu la délibération prise par le Conseil départemental d'hygiène, dans sa séance du 6 Novembre 1925, au sujet de la réglementation sur les conditions d'installation, le mode d'emploi et la surveillance des fosses septiques ;

Vu la réponse, en date du 7 Décembre 1925, de M. le Ministre du Travail, de l'Hygiène, de l'Assistance, et de la Prévoyance sociales ;

Considérant qu'il convient, en vue de combattre des causes possibles d'insalubrité, de réglementer, dans le département, les conditions d'installation, le mode d'emploi et la surveillance des appareils de vidange épurateurs, connus sous le nom de « fosses septiques »,

ARRÊTONS :

ARTICLE PREMIER. — Il est interdit d'installer et de mettre en service, dans les communes du département, des appareils d'assainissement, dits fosses septiques, ou tous autres reposant sur les principes de solubilisation et de désintégration des matières excrémentielles par voie biologique, si ces appareils ne sont pas pourvus de dispositifs d'épuration capables de produire des effluents imputrescibles et inodores.

ART. 2. — Les propriétaires d'immeubles, désireux d'installer de tels appareils, devront, pour chacun d'eux, faire une déclaration à la mairie.

Cette déclaration écrite sera accompagnée de la description de l'appareil et de son installation (avec plan coté), de l'exposé de son fonctionnement et de l'indication du nombre maximun de personnes pour l'usage desquelles il est établi. Elle sera communiquée au Bureau d'Hygiène dans les villes qui en sont pourvues et signalée au service départemental d'hygiène pour lui permettre d'exercer son droit de contrôle.

Il sera statué dans le délai de vingt jours par le maire qui délivrera, s'il y a lieu, l'autorisation de mise en service.

A défaut par le maire de statuer dans le délai imparti, ou à défaut de demande d'autorisation, il sera procédé conformément aux dispositions des articles 11 et 12 de la loi du 15 février 1902.

ART. 3. — La déclaration prévue à l'article 2 sera accompagnée d'un engagement pris par le constructeur vis-à-vis du propriétaire de veiller à l'entretien et au bon fonctionnement de l'appareil. Le constructeur pourra se voir substituer pour cet engagement toute personne ou collectivité dûment agréée à cet effet par l'autorité préfectorale.

ART. 4. — Tout appareil dont l'installation aura été autorisée devra porter, en caractères apparents et indélébiles, les indications suivantes, fournies et inscrites par le constructeur :

a) Nom et adresse du constructeur, n° d'ordre ;

b) Capacité volumétrique de l'appareil ;

c) Nombre maximum de personnes qu'il peut desservir ;

d) Date de l'autorisation de mise en service.

ART. 5. — En vue d'assurer le contrôle permanent du fonctionnement des appareils, des échantillons de leur effluent seront prélevés sans préavis, au moins deux fois par an, et envoyés pour analyse au laboratoire départemental de bactériologie agréé par M. le Ministre de l'Hygiène pour les analyses d'eau (Instructions générales relatives aux eaux d'alimentation du 12 Juillet 1924).

Chaque Commission sanitaire désignera, à cet effet, un délégué pris dans son sein, qui sera spécialement chargé de ce contrôle pour tout l'arrondissement. Les frais de déplacement de ce délégué seront remboursés suivant le tarif en vigueur pour les assemblées sanitaires et prélevés sur les crédits du budget affectés au service de la Protection de la Santé publique (Dépenses du Conseil départemental d'hygiène et des Commissions sanitaires de circonscriptions).

ART. 6. — Les appareils d'assainissement dits fosses septiques ou tous autres analogues, et les effluents de leurs dispositifs d'épurations, doivent satisfaire aux conditions suivantes :

a) L'appareil ne doit dégager aucune odeur de putréfaction, ni aucun gaz malodorant susceptible d'incommoder les habitants de l'immeuble où ils est placé, ainsi que ceux du voisinage.

b) L'effluent épuré ne doit pas contenir plus de o gr. o3 centigrammes de matières organiques en suspension par litre et un échantillon d'environ 150 centimètres cubes, prélevé dans un flacon bouché à l'émeri ne doit dégager aucune odeur de putréfaction avant ni après 7 jours d'incubation à la température de 30°.

ART. 7. — Lorsque le service de contrôle sanitaire aura constaté qu'un appareil fonctionne d'une manière défectueuse, qu'il s'en dégage des odeurs gênantes, ou que l'effluent ne satisfait pas aux conditions sus-indiquées, il en informera le maire qui mettra le propriétaire en demeure d'y remédier dans le délai d'un mois.

ART. 8. — Les procès-verbaux des vérifications et constatations prévues à l'article précédent seront remis au maire, en vue de l'application de l'article 27 de la loi du 15 février 1902 et de l'article 471 du Code pénal.

ART. 9. — Dans le délai d'un an à dater de la publication du présent arrêté, tout appareil actuellement en usage devra faire l'objet d'une déclaration par le propriétaire, dans la forme prévue à l'article 2 et être pourvu de la plaque signalétique indiquée à l'article 4.

Suivant les constatations faites au cours de la visite par le service du contrôle et les résultats de l'analyse de l'effluent, il sera fait application, s'il y a lieu, des articles 7 et 9 du présent arrêté.

ART. 10. — MM. le Secrétaire général de la Préfecture, les Sous-Préfets, les Maires, l'Inspecteur départemental des Services d'hygiène, les Commissaires de police sont chargés chacun en ce qui le concerne, d'assurer l'exécution du présent arrêté qui sera inséré au *Recueil des Actes Administratifs*.

Fait à Dijon, le 18 Mai 1926.

Le Préfet de la Côte d'Or,

A. FERLET.

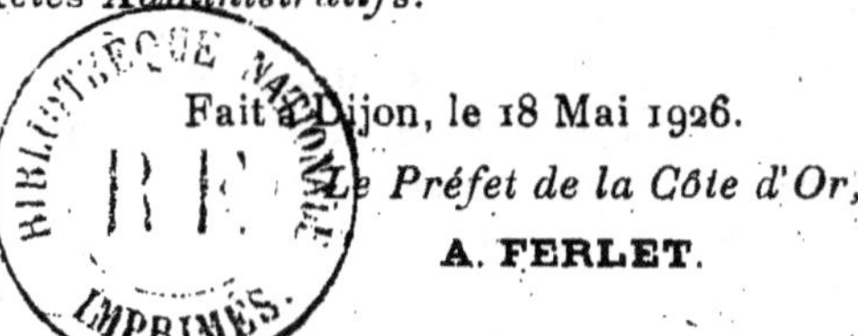